KLARTEXT

Gerhard Launer

BODENSEE

VON OBEN

Die schönsten Luftbilder der Region

GERHARD LAUNER,
Jahrgang 1949, wollte eigentlich Musiker werden. Doch aufgrund eines Unfalls musste er dieses Ziel aufgeben und wurde stattdessen Diplom-Grafikdesigner. Bereits während des Studiums erlangte er die Privatpilotenlizenz und später die Berufspilotenlizenz. Als Luftbildfotograf verbindet Gerhard Launer seine Interessen Fotografie und Fliegen. Mittlerweile hat er nahezu jede Stadt, jede Ortschaft und jede Sehenswürdigkeit in Deutschland fotografiert. Jedes seiner Bilder bietet neue Entdeckungen von oben, macht Landschaften zu Gemälden und zeigt ihre besonderen Strukturen und Charakteristika.

www.wfl-gmbh.de

Bibliografische Information der Deutschen Nationalbibliothek
Die Deutsche Nationalbibliothek verzeichnet diese Publikation in der Deutschen Nationalbibliografie; detaillierte bibliografische Daten sind im Internet über http://dnb.dnb.de abrufbar.

IMPRESSUM

1. Auflage September 2020
Satz und Gestaltung: Joachim Bartels
Umschlagfotos: Gerhard Launer
Umschlaggestaltung: Ina Zimmermann
Druck und Bindung: Griebsch & Rochol Druck GmbH, Gabelsbergerstraße 1, 59069 Hamm

ISBN 978-3-8375-2316-4

KLARTEXT

Jakob Funke Medien Beteiligungs GmbH & Co. KG
Jakob-Funke-Platz 1, 45127 Essen
info@klartext-verlag.de, www.klartext-verlag.de

INHALT

VORWORT

Gerhard Launers beeindruckende Luftaufnahmen nehmen den Betrachter mit auf eine spannende Reise durch die Region Bodensee. Atemberaubende Ausblicke bieten völlig neue Perspektiven und laden dazu ein, die Region auf eine einzigartige Weise kennenzulernen.

Aus der Vogelperspektive präsentiert der sorgfältig komponierte Bildband Städtearchitekturen und Landschaftsformen in ihrer ganzen Vielseitigkeit und Schönheit. Ungeahnte Sichtweisen und nicht gekannte Blickwinkel, Panorama- und Momentaufnahmen vermitteln eine außergewöhnliche Weite, bisher nicht gekannte Details und ein Gefühl von Zeitlosigkeit.

Gerhard Launer gehört zu den renommiertesten Luftbildfotografen. Er verbindet seine Passion für das Fliegen mit seiner Leidenschaft für die Fotografie. Diese gilt den nur von oben sichtbaren Besonderheiten und Strukturen, die den Charakter einer Stadt und der sie umgebenden Landschaft besonders verdeutlichen. Launers künstlerische Fotos als Ausdruck seiner unverwechselbaren Bildsprache und seines ganz persönlichen Blicks ermöglichen einen Perspektivwechsel, der Lust darauf macht, die Region Bodensee auf jeder Seite neu zu erleben.

Achim Nöllenheidt

ANSICHTEN

Der Bodensee und das Alpenpanorama im Dunst |

Bild vorherige Doppelseite:
Blick über die Städte Bodman-Ludwigshafen, Radolfzell und Konstanz gegen die Alpen

Im Vordergrund die Halbinsel Mettnau, dahinter Radolfzell und links der Zeller See

| Bodenseeinsel Mainau

Pfahlbaumuseum
Unteruhldingen

Häuser an der Seestraße
in Konstanz

Schiffsanleger Steckborn in der Schweiz,
Kanton Thurgau

Rheinmündung in den Bodensee bei Bregenz in Österreich

Lindau am Bodensee.
Historische Altstadt auf
der gleichnamigen Insel

Statue Imperia an der Hafeneinfahrt Konstanz

Hafeneinfahrt Lindau mit dem Bayerischen Löwen und dem Neuen Leuchtturm.
Er ist der südlichste Leuchtturm Deutschlands.

Bild vorherige Doppelseite:
Der Überlinger See ist der nord-
westliche Teil des Obersees.

Karibisch anmutendes
Flair am See bei Horn

Obstanbaulandschaft bei Ittendorf, einem Stadtteil von Markdorf im Bodenseekreis

Flughafen Friedrichshafen (Airport Bodensee), der südlichste Verkehrsflughafen Deutschlands. Heimatbasis für die Deutsche Zeppelin-Reederei. Daneben das Gelände der Neuen Messe Friedrichshafen

| Rhein bei Gottlieben in der Schweiz

Das Kloster Werd ist ein Franziskanerkonvent auf der gleichnamigen Insel Werd

INSELN

Die Insel Reichenau
ist die größte Insel im Bodensee.

Bepflanzte Badewannen
auf der Blumeninsel Mainau

Das Palmenhaus, das exotische Herz
der Insel Mainau

Die Vogelinsel bei
Immenstaad (links);
Halbinsel Mettnau
bei Radolfzell (oben);
Vogelschutzgebiet auf
der Halbinsel Mettnau,
Zeller See

Campingplatz Horn auf der Insel Reichenau (links);
Insel Mainau: Dachgarten des Restaurants Comturey

| Obstanbaubetriebe auf der Reichenau

Die Insel Werd bei Eschenz im Schweizer Kanton Thurgau
ist die Hauptinsel der kleinen Inselgruppe.

IM & AM WASSER

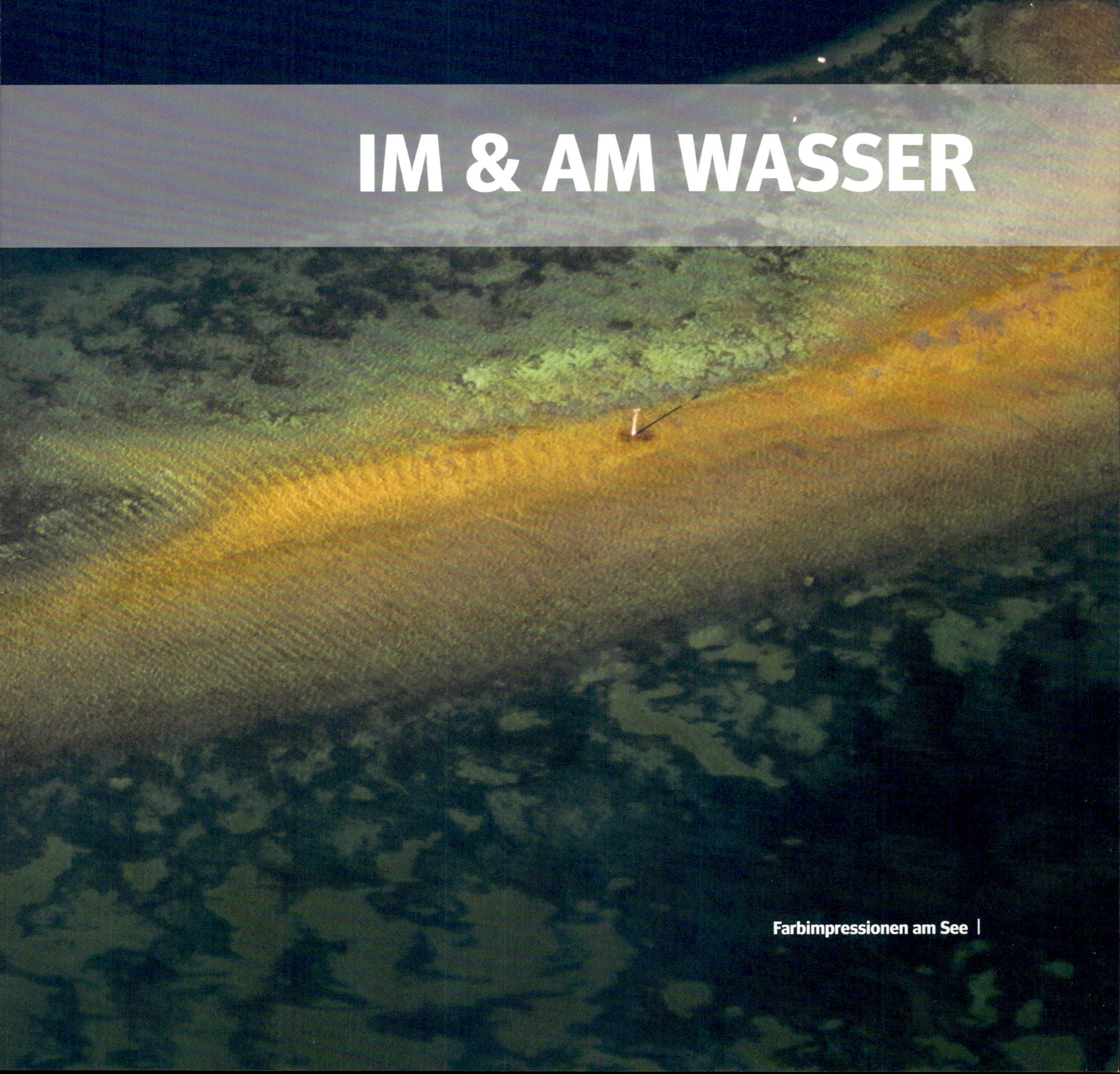

Strand und Strandcafé Lindenhof in Bad Schachen bei Lindau;
Steg am Schlosssee bei Salem (ganz oben);
Stadtgarten mit Konzertmuschel in Konstanz (rechts)

| Wasserski bei Immenstaad

| Sportboot bei Mettnau

Ankernde Boote bei Ermatingen (links);
Seekulisse mit Booten bei Allensbach

Reger Fährverkehr zwischen
Meersburg und Konstanz

Schiffe auf dem Bodensee:
Schiffsanleger im Hafen von Meersburg;
Autofähre zwischen Meersburg und Konstanz (rechts oben);
historische Fähre und Statue Imperia in Konstanz (rechts unten)

Freizeitspaß pur:
Grillschlauchboot bei
Bodman und Sprungturm
im Rhein am Strandbad
Öhningen (unten);
Stand Up Paddling an
der Wasserfontäne
bei Konstanz (rechts)

Bild nachfolgende
Doppelseite:
Goodyear Zeppelin
über Friedrichshafen

GOODYEAR

Badespaß in der Schweiz: das Schwimmbad Hörnli in Kreuzlingen

Kuranlage in Bad Schachen

Bodensee-
Therme
Konstanz

Freibad
Aquamarin,
Wasserburg

Veranstaltungsbereich am Ufer in Überlingen (oben);
die weltweit größte Seebühne für das „Spiel auf dem See“
in Bregenz (rechts)

Hafenstadt Romanshorn auf der schweizerischen
Seeseite mit Blick Richtung Alpen

STÄDTE AM SEE

Konstanz mit dem Alpenpanorama am Horizont.
Blick von Südosten auf die Altstadt und den Hafen von Konstanz – im Hintergrund der Untersee mit der Insel Reichenau (rechts)

| Altstadt und Stadtpark Konstanz

Das schweizerische Steckborn liegt am Südufer des Untersees.

| Burg Hohenklingen bei Stein am Rhein im Kanton Schaffhausen in der Schweiz

Altstadt von Radolfzell mit
dem spätgotischen Münster
Unserer Lieben Frau (oben);
Kletterwerk und das Hotel aquaturm
an der Messe Radolfzell;
Stein am Rhein mit den Werdinseln und
der Wallfahrtskapelle St. Otmar (links)

Rosenobelturm in Überlingen;
Uferpromenade Ludwigshafen (links)

Franziskanertor (links) und
Altstadt von Überlingen

Neues Schloss Meersburg;
Immenstaad (rechts)

Ufer des Bodensees zwischen Friedrichshafen und Meersburg;
Moleturm Friedrichshafen (rechts)

Zeppelin über der Messe Friedrichshafen;
Stadtkulisse von Friedrichshafen (rechts)

DEKA

Schloss Montfort und Altstadt Langenargen (rechts)

| Lindau

Inselhalle Lindau (links);
Altes Rathaus Lindau;
Mangturm am Hafen
(rechts unten)

Bregenzer Festspiele, Bühnenbild zu Rigoletto;
Stadtansicht Bregenz (links)

Locorama Bahnhof Romanshorn;
Würth Haus Rorschach (rechts)

FORMEN & FARBEN

Verankerte Segelboote im See |

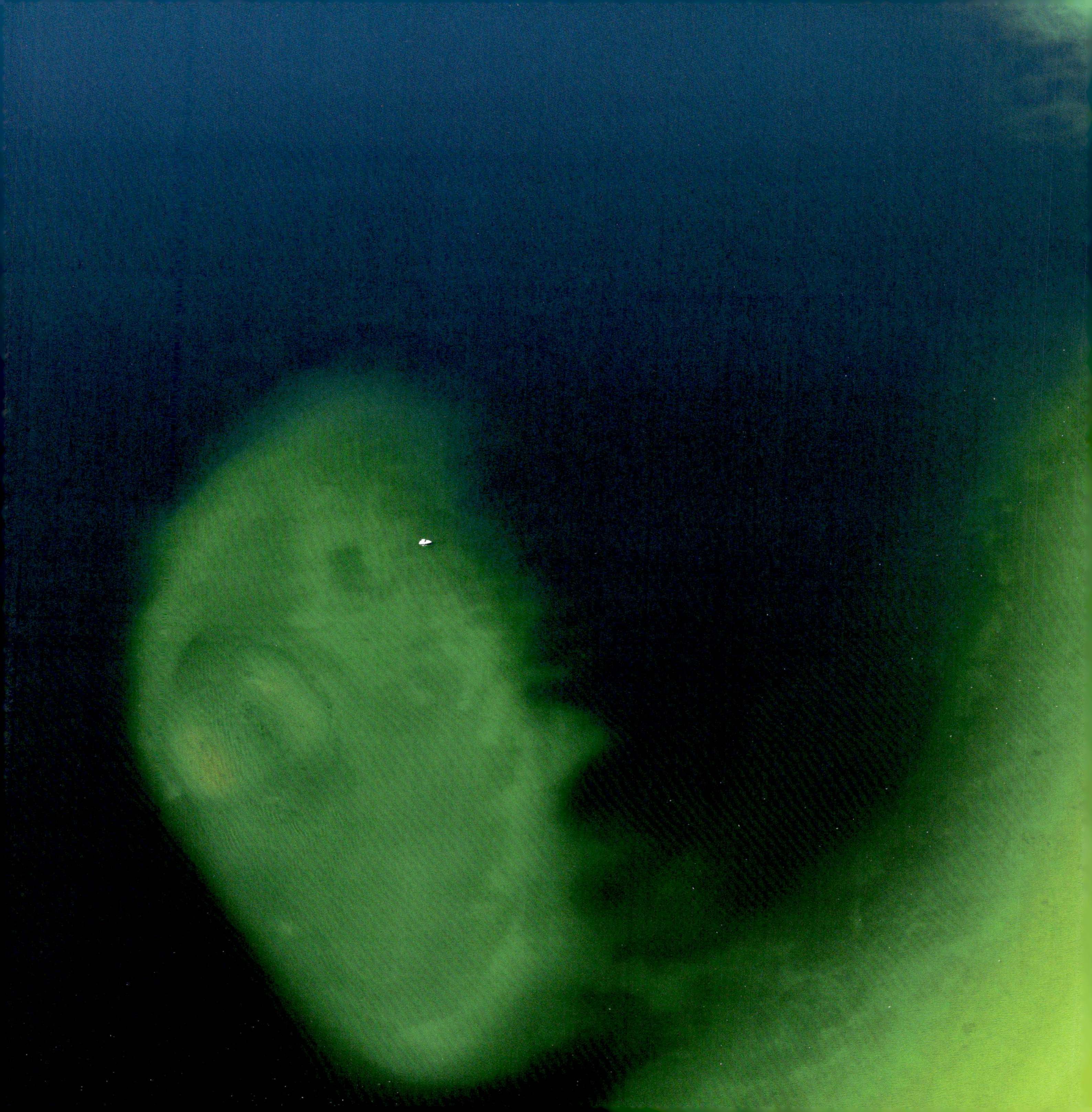

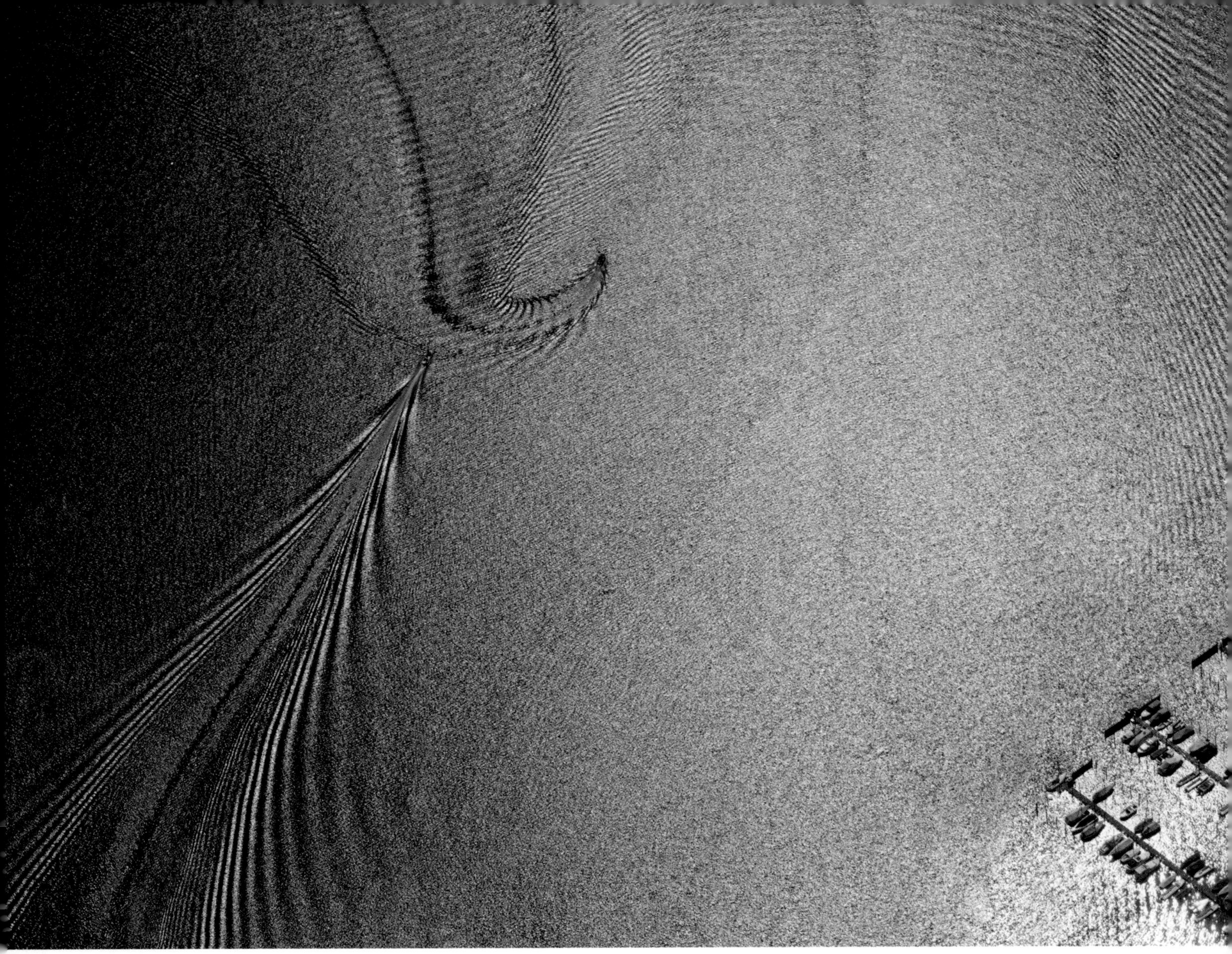

Wasserstrukturen bei Eschenz;
Farbspiele im Wasser bei Reichenau (links)

Rheinmündung in den Bodensee;
Wasserstrukturen (rechts)

Blumeninsel Mainau;
Obstblüte auf einer Plantage (links)

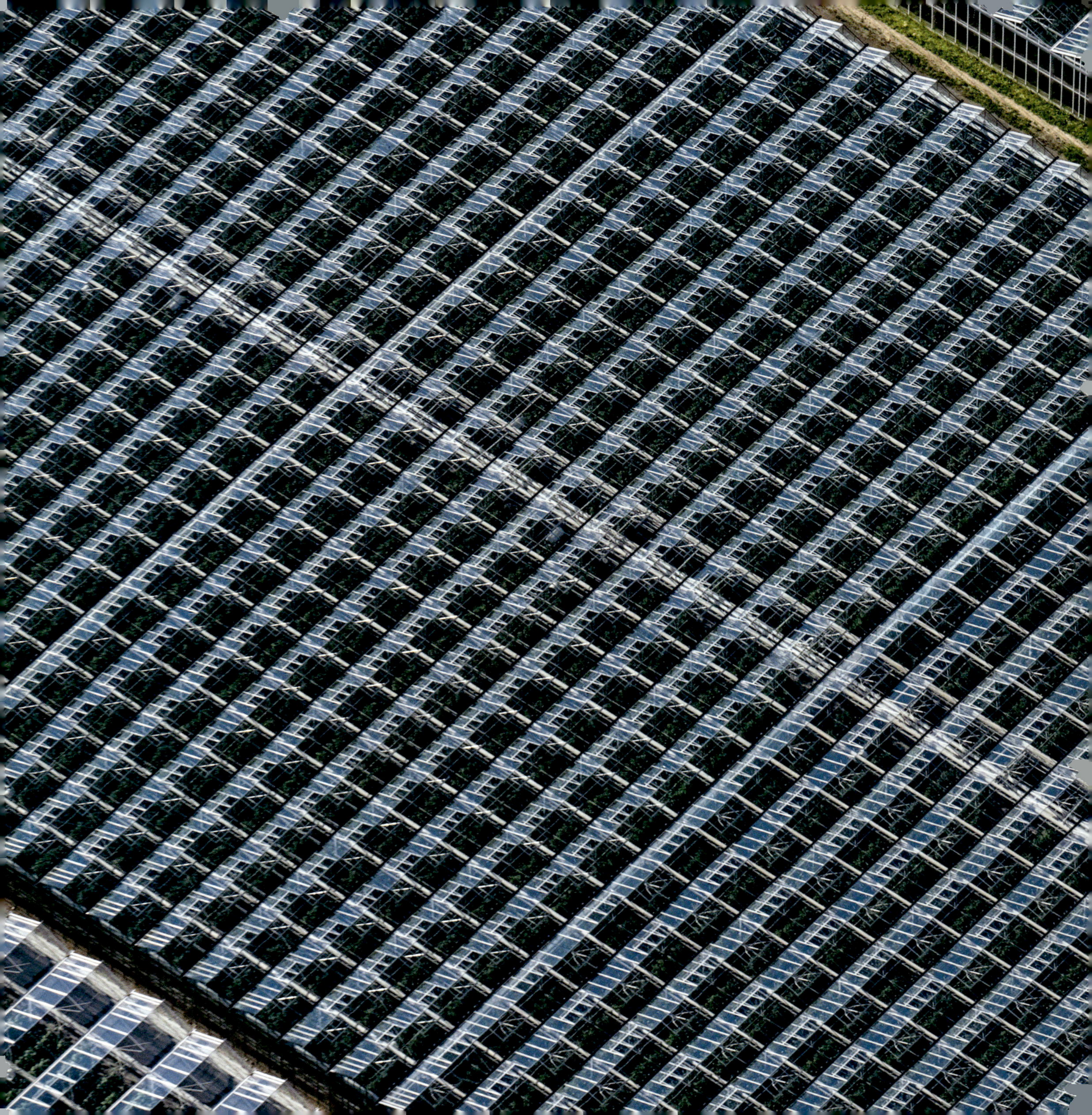

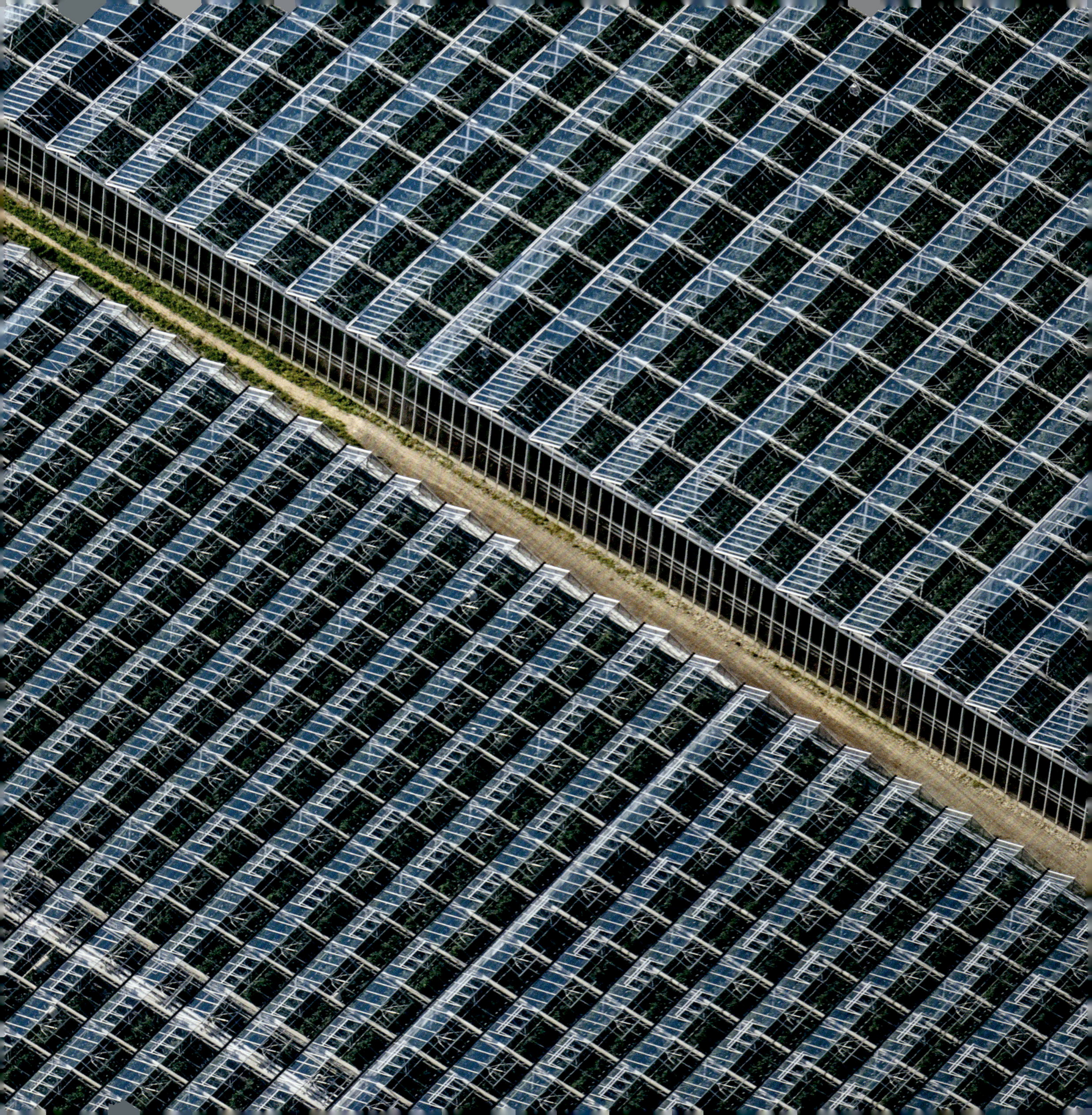

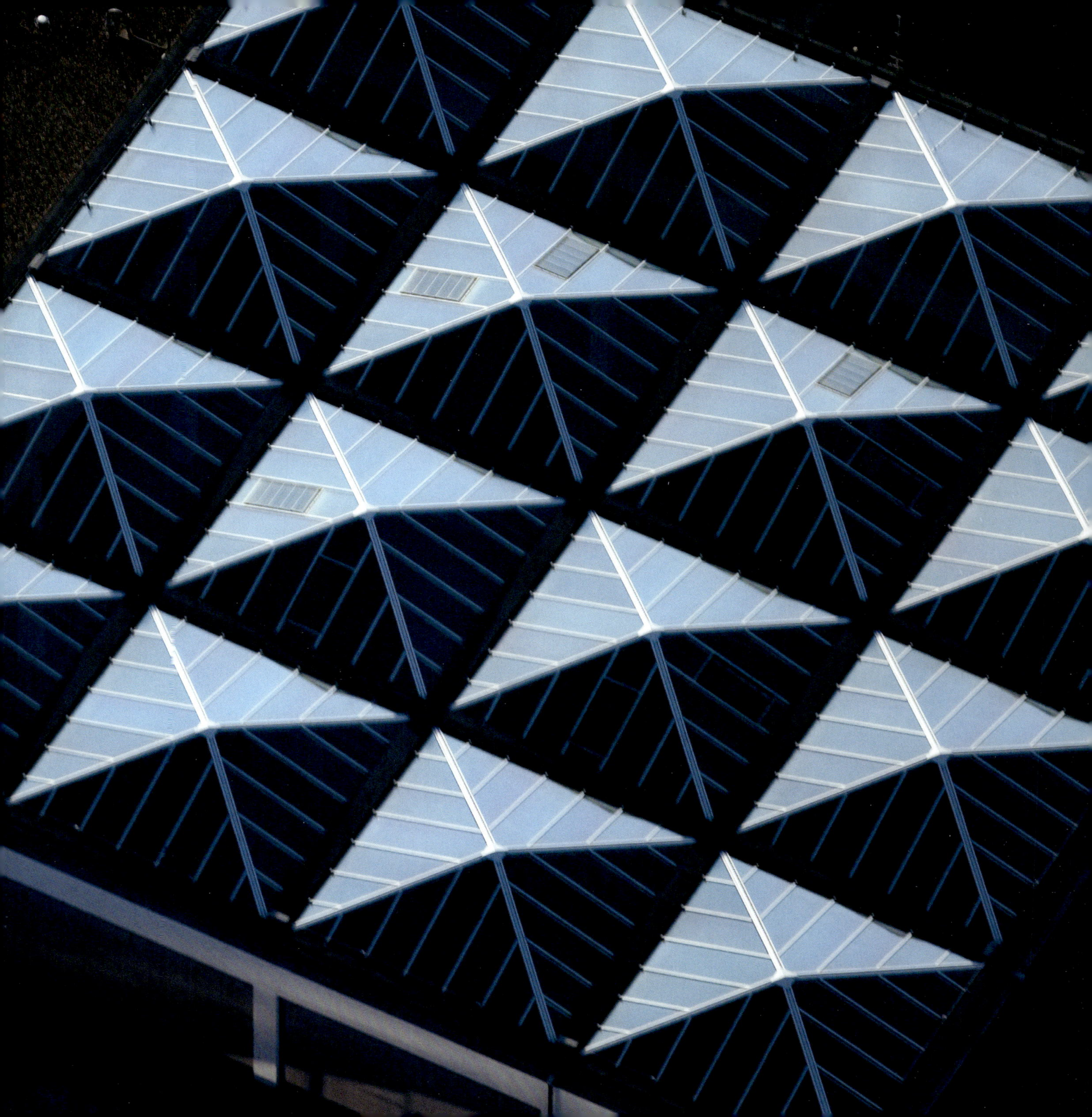

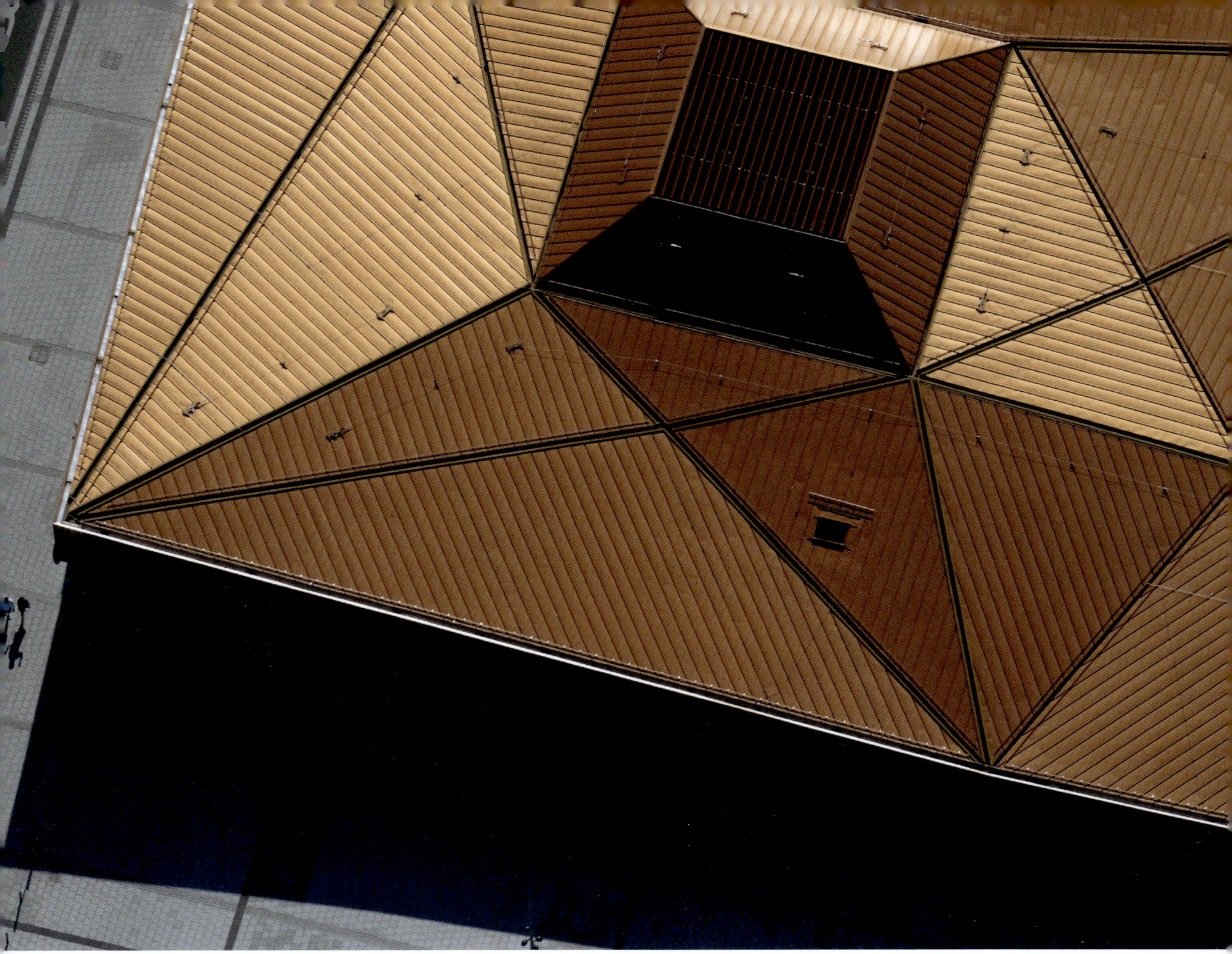

| Vorherige Doppelseite: Strukturen Gewächshäuser, Reichenau

| Dach der Inselhalle Lindau;
| Dachstrukturen der Messehallen, Friedrichshafen (links)

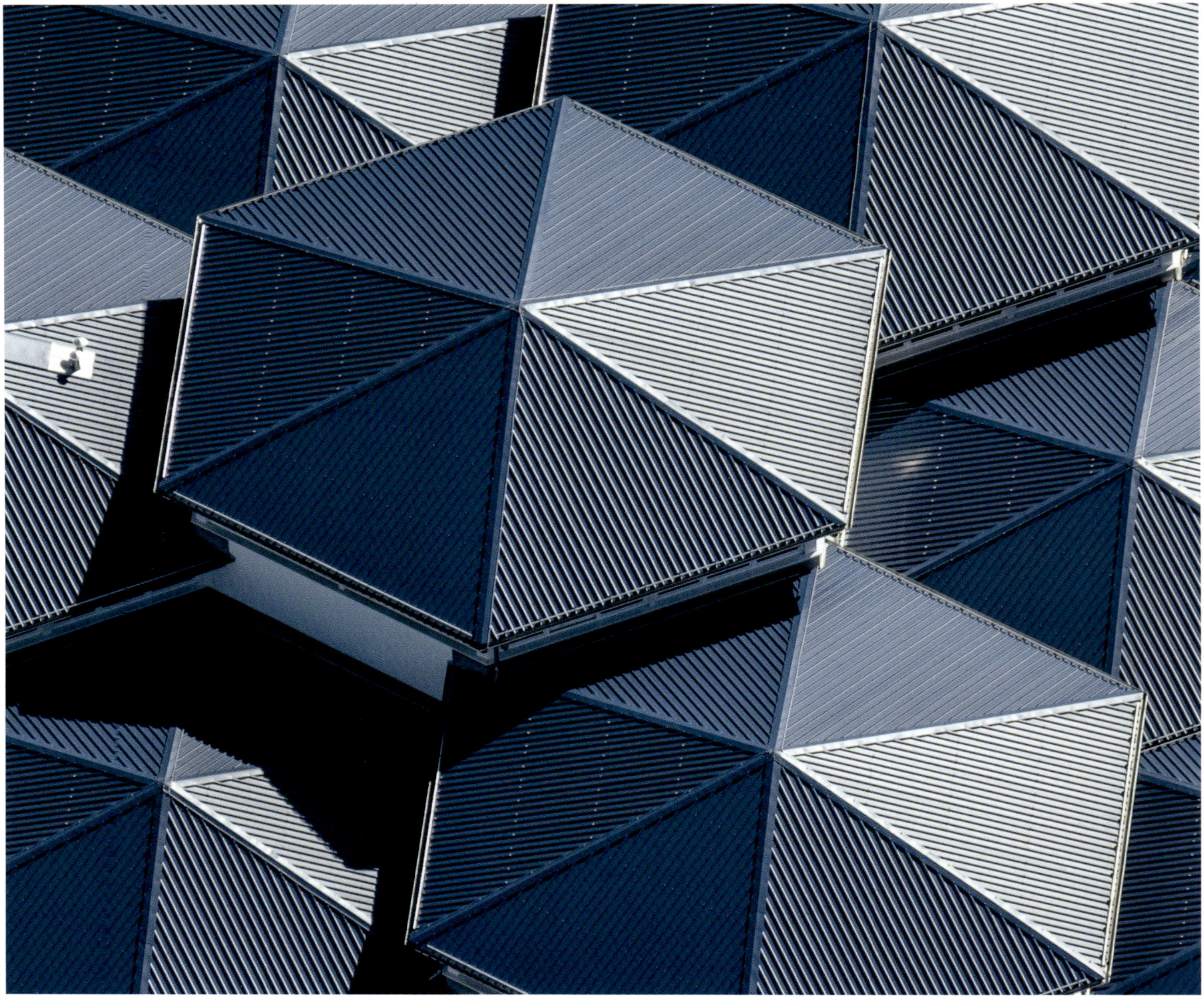

Krämer Pferdesport, Mühlhausen-Ehingen;
Dachstrukturen MTU Werk 2, Manzell, Friedrichshafen (rechts)

Lindauer Maislabyrinth;
Wasserstrukturen bei Hemishofen (rechts)

Kleiner Bach bei Stefansfeld, Salem, Bodenseekreis;
Waldstrukturen bei Baitenhausen, Bodenseekreis (rechts)

Frühlingsacker im Hinterland

| Obstplantagen bei Ittendorf

Wasserstrukturen bei Sipplingen;
Wasserfontäne bei Kurzrickenbach, Schweiz (links)

| Wasserstrukturen bei Mettnau, Radolfzell